IRLAND

KARL MÜLLER

bed & breakfast

Text
Simona Tarchetti

Grafische Gestaltung
Patrizia Balocco

Übersetzung
Karin Hofmann

Inhalt

2–3 *Die Klippen von Moher, einer der beeindruckendsten Anblicke von ganz Irland, erheben sich wie eine Wand fast 183 Meter hoch und erstrecken sich über etwa acht Kilometer an der Westküste der Insel.*

4–5 *Eine typische Landschaft auf der Halbinsel Dingle. Das kräftige Grün der Weiden bildet oft einen dramatischen Kontrast zu dem nebligen und wolkenverhangenen Himmel.*

6–7 *In der bezaubernden Landschaft von Connemara im Westen der Insel spiegelt sich die prächtige Abtei von Kylemore im Wasser des Sees, an dessen Ufer sie erbaut wurde.*

8 *Die windumtoste Halbinsel Dingle, der westlichste Punkt der Insel, erstreckt sich weit in den Ozean hinein.*

9 *Nördlich von Cong in der Grafschaft Galway liegt Ashford Castle, ein großes Herrenhaus mit zinnenbewehrten Türmen, das 1870 erbaut wurde.*

10–11 *Rote Haare und Sommersprossen gelten als typische Merkmale der irischen Bevölkerung.*

12–13 *Normalerweise biegen sich die Tische eines typisch irischen Pubs unter den vollen Gläsern des Nationalgetränks, einem sehr dunklen Bier, das von der Brauerei Guinness hergestellt wird.*

14–15 *Der Fluss Liffey, der mitten durch Dublin führt, wurde im Lauf der Jahrhunderte mit zahlreichen Brücken überspannt, die die beiden Teile der Stadt miteinander verbinden.*

16–17 *Clifden Town ist die größte Stadt in Connemara, einer wilden und einsamen Region der Grafschaft Galway.*

Via C. Sassone 22/24
13100 Vercelli, Italien

2003 Herausgegeben in Deutschland
von Verlag Karl Müller GmbH
www.karl-mueller-verlag.de

ISBN 3-89893-572-8

Gedruckt in Singapur

CLAUSTHALER
Kronenbourg
True Continental Taste

PERMANENT
Ulster

Irish Nationwide
Building Society
Nº 1
IRISH NATIONWIDE BUILDING SOCIETY

Einleitung

Irland wird zu Recht als Smaragdinsel bezeichnet. Sie ist ein faszinierendes und üppig grünes Land, in dem die Zeit am Hufschlag eines Pferdes gemessen wird, das eine gewundene Straße entlang trottet, und in dem der launische Himmel einen beeindruckenden Hintergrund für die sanft ansteigenden Hügel und Wiesen bildet, auf denen Tierherden weiden. Auf dieser Insel am äußersten westlichen Zipfel von Europa sind die Farben der Natur von einer besonderen Intensität: Die Schattierungen von Grün – der vorherrschenden Farbe – scheinen sich ständig zu ändern, während die Blautöne entweder durch dünne Wolken gefiltert als sanftes Pastell erscheinen oder etwas kräftiger einen herrlichen Kontrast zwischen den steilen Klippen und dem schäumenden Ozean schaffen. Das atlantische Klima bietet keine allzu großen Temperaturschwankungen zwischen Sommer und Winter. Es ist im Allgemeinen mild, aber feucht. Die Durchschnittstemperatur an der Atlantikküste beträgt zwischen Dezember und März etwa 7°Celsius, im Osten ist sie mit 5,5°Celsius etwas niedriger. So konnte sich in geschützten Tälern, wie jenen rund um Killarney, eine üppige Vegetation entwickeln, zu der auch Lorbeer, Rhododendren, der mediterrane Erdbeerbaum, Eichen, Stechpalmen und viele andere Laubbäume zählen. Manchen geschützt gelegenen Gärten in Dublin stehen oft bereits im Dezember oder Januar in voller Blüte. Auf alle Fälle ist das Wetter – seien es nun die bedrohlich-finsteren Wolken oder der geheimnisvolle Nebelschleier am Horizont – ein essenzieller Bestandteil der Schönheit Irlands.
In erster Linie sind die Gletscher des Quartärs für das Aussehen der Insel mit ihren aufragenden Küsten und den „Bergen", die jedoch selten höher als 600 Meter sind, verantwortlich. Der höchste Punkt der Insel ist der 1040 Meter hohe Carrantuohill in der Bergkette Macgillycuddy's Reeks in Kerry. Auf der Westseite verfügt die Insel über keinerlei Schutz vor dem Wind vom Atlantik, der immer wieder großen Schaden bei der Ernte anrichtet, vor allem, wenn er von schweren Regenfällen begleitet wird. Im Osten wirkt die große Ebene an der Irischen See wie ein natürliches Tor zu Großbritannien. Das Leben der dort ansässigen Viehzüchter und Farmer ist tief verwurzelt mit den grünen Weiden, den einsamen Torfmooren und der wild wachsenden Heide, die etwa ein Fünftel der Insel bedeckt. Die raubeinige und dickköpfige Art dieser Menschen formte sich nicht zuletzt durch das unfrei-

giebige Land und seine bewegte Geschichte. Die Einflüsse vorchristlicher Invasoren und die günstige Lage der Insel verhalfen ihren Bewohnern zu kulturellem Reichtum und einem Temperament, das genauso unbeständig ist wie die Farben des Himmels. Der Gedanke an die Vergangenheit ist in der Erinnerung dieser Menschen stets lebendig.
Trotz der Urbanisierung im 20. Jahrhundert ist die irische Gesellschaft nach wie vor in erster Linie ländlich geprägt. Die Menschen lieben die Natur mit ihren von Mooren durchzogenen weiten Landschaften, in denen Ruhe und Einsamkeit die Fantasie des Betrachers anregen, und die Mythen und Legenden, die sich um ihr Land ranken. Nur wenige andere Länder können eine ähnlich bewegte Geschichte aufweisen wie Irland, dessen Ursprünge in den Nebeln der Zeit verborgen liegen, dessen Vergangenheit aber auch heute noch allgegenwärtig spürbar und lebendig ist. So gehen viele der Volkstraditionen auf keltische, religiöse Riten bzw. auf die Legenden rund um die Wunder des St. Patrick zurück. Dieses ruhelose Volk, das sich seine Eigenarten trotz langer Perioden der Fremdherrschaft nicht nur bewahrte, sondern sie sogar noch deutlicher ausprägte, zeigt ein bemerkenswertes Talent, wenn es darum geht, die Vergangenheit in die Gegenwart zu transportieren. Der widersprüchliche und schwer zu fassende Charakter, wie ihn die „Tinker“, Irlands letzte Nomaden, so treffend verkörpern, bricht urplötzlich bei den lebhaften Diskussionen in den Pubs oder unter den Farmern auf dem Viehmarkt in seiner ganzen Theatralik hervor. Der heutige Ire ist noch genauso eigensinnig und großzügig wie seine Vorfahren, die „Firbolg“, die mit unendlicher Geduld die megalithischen Tumuli von New Grange im Boyne-Tal erbauten und, in noch älteren Zeiten, die neolithischen Siedlungen, die man nahe bei Lough Gur in der Grafschaft Limerick fand.
Im Zuge ihrer Expansion in Europa kamen die Kelten auch nach Irland und ließen sich dort nieder. Wie ihre Ahnen auf dem Kontinent, organisierten sich die Kelten in Irland in kleinen Staaten. Über jeden dieser Staaten herrschte ein Keltenfüst. Jeder Staat, und war er auch noch so klein, strebte nach politischer Unabhängigkeit, was sich jedoch häufig als sehr problematisch erwies, vor allem wenn es um Schutz und Sicherheit ging. Aus diesem Grund formierten sich die kleineren Staaten in Gruppen, die die Hegemonie eines sie regierenden Fürsten akzeptierten. Die großen, blonden Gälen lebten bis zum fünften Jahrhundert auf der Insel. Sie begründeten dort eine keltische Nation, deren einzigartige, unverwechselbaren Merkmale und bezaubernden kulturellen Hinterlassenschaften heute von vielen anderen Ländern vielleicht sogar ein wenig neidvoll bestaunt werden. Das walisische, schottische und irische Gälisch ebenso wie das alte Bretonisch stammen von

18 *Das Innere des eleganten und modernen St. Stephen's Green Einkaufszentrum mit seiner riesigen gläsernen Uhr.*

19 oben *St. Stephen's Green Centre mit seinen Läden, Boutiquen, Kunstgalerien und Antiquitätenhändlern steht mitten in der Stadt an einem gleichnamigen öffentlichen Park.*

19 unten *In Dublin geht man gerne in eines der vielen Cafés, um ein Stück Apfelkuchen mit Sahne zu genießen.*

20–21 *Die gotische St. Patrick's Kathedrale stammt aus dem 12. Jh. und wurde während der englischen Herrschaft zur irisch-protestantischen Hauptkirche.*

22–23 *Der Park St. Stephen's Green ist eine grüne Oase mitten in der Stadt, die zum Erholen einlädt. Im Frühling und im Sommer lassen sich hier gern frisch vermählte Paare fotografieren.*

der Sprache dieses alten Volkes ab. In Irland überlebte diese Sprache sogar die Christianisierung und die fortwährende Fremdherrschaft. Die Tatsache, dass sie sich im Lauf der Zeit kaum veränderte, ist vielleicht auch dem Umstand zu verdanken, dass die Römer nie versuchten, die Insel zu erobern. Diese harmonisch klingende Sprache mit ihrem singenden Rhythmus ist, zusammen mit der römisch-katholischen Religion, ein Symbol der nationalen Identität. Sie ist seit 1921 die offizielle Sprache der irischen Republik und wird in den Schulen als Pflichtfach gelehrt.
Dennoch spricht und schreibt nur ein kleiner Prozentsatz der Bevölkerung heutzutage irisches Gälisch. Konkret sind das etwa 75000 bis 80000 Menschen, die hauptsächlich in den abgelegensten, unwirtlichen Teilen des Landes leben, nämlich in den sieben nördlichen und westlichen Distrikten, die man Gaeltacht (das Land der Gälen) nennt. Übrigens erkennt der Besucher diese Distrikte leicht an ihren roten Straßenschildern. Der Niedergang der alten Sprache wurde sowohl durch die Verbreitung des Englischen als auch durch die Emigration verursacht, die nach der großen Hungersnot in den 40er Jahren des 19. Jahrhunderts einsetzte. Viele große irische Schriftsteller, wie Joyce, Shaw und Yeats, schrieben in Englisch, obwohl ihr „exotischer" Stil sie sofort als Iren verriet. In früheren Zeiten waren die Iren von allen europäischen Kulturen das am meisten isolierte Volk. Jahrhundertelang war die keltische Bevölkerung von allem abgeschnitten und blieb auch vom römischen Einfluss verschont, der sich so stark in ganz Europa und auch in Großbritannien auswirkte. Wie im transalpinen Gallien und in einigen Teilen von Großbritannien war das Druidentum im keltischen Irland weit verbreitet. Druiden waren weise Männer, die als Experten in allen höheren Bereichen des Wissens galten. Sie wussten angeblich alles über die Götter, das Leben im Jenseits sowie über die Bewegungen der Planeten und der Sterne. Außerdem waren sie anerkannte Autoritäten in allen Fragen der Religion und des Gesetzes. Sogar nach Irlands Konversion zum Christentum erfüllten sie weiterhin ihre Funktion als Wahrsager und Ratgeber.
St. Patrick kam im Jahr 432 n. Chr. auf die Insel und ebnete dort den Weg für das Wort Gottes. Keltische Chroniken und Mythen begannen, sich mit christlichem Gedankengut zu vermischen und bildeten so den fruchtbaren Boden für die merkwürdige Verknüpfung von heidnischem Aberglauben und katholischer Tradition, die heute so tief in den Herzen der einfachen Leute verwurzelt ist. Herausragende Zeugnisse dieser frühchristlichen Periode sind das Book of Durrow und das Book of Kells, zwei exzellent illustrierte Manuskripte, die von irischen Mönchen angefertigt wurden. Sie liefern uns heutzutage nicht nur eine Vorstellung von der damaligen Zeit, sie informieren uns auch über irische Legenden, gälische Helden

und die Sagen über Elfen, Zauberer und Feen. Die Iren erzählen diese reichlich ausgeschmückten Geschichten gerne, bei denen religiöse Ereignisse mit fantasievollen Märchen verschmelzen. Auf dem Croagh Patrick, dem heiligen Berg Irlands, gedenkt man jedes Jahr der Mythen und Legenden, wenn Tausende von Pilgern in einer feierlichen Prozession den Gipfel erklimmen und dort zu St. Patrick beten. Einst beging man an derselben Stelle das alte keltische Fest Lughnasad, bei dem die Druiden für eine gute Ernte beteten und Opfer darbrachten.
St. Patrick, Irlands Nationalheiliger, schreibt man die Konversion Irlands zum Christentum zu. Und das Volk hielt unerschütterlich an diesem Glauben fest, selbst in den schweren Zeiten barbarischer Herrschaft, als ihre Klöster und Kirchen zuerst von den Dänen, dann von den Normannen niedergebrannt wurden.
Im 9. Jahrhundert siedelten sich die Wikinger in Irland an und brachten durch ihre verheerenden Plünderungen großes Leid über die Bewohner der Insel. Zahlreiche Küstendörfer, die sich später zu Städten wie Dublin, Wicklow, Arklow, Cork und Limerick entwickelten, waren ursprünglich Heimathäfen der Wikinger und ihrer Langschiffe, von wo aus sie auch auf ihre Raubzüge ins Landesinnere aufbrachen. Zu ihrer Verteidigung errichteten die Iren viele runde Türme – uneinnehmbare, fünf Meter hohe Festungen – deren Überreste heute noch in Ardmore, Glendalough und Clonmacnois zu besichtigen sind. Die Herrschaft der Wikinger bedeutete das Ende der irischen Isolation, denn die Küstenstädte begannen, mit dem europäischen Festland regen Handel zu treiben. Neue, kulturelle Einflüsse schwappten auf die Insel über und allmählich begann Irland eine zunehmend aktive Rolle bei den politischen und religiösen Rivalitäten anderer europäischer Länder zu spielen, insbesondere jedoch bei denen Englands.
Normannische Abenteurer wie Strongbow landeten auf der Suche nach Land und Besitz an der Küste. Die Normannen zog es weit ins Landesinnere, wo sie ihre neu eroberten Gebiete mit mächtigen, turmbewehrten Burgen absicherten, deren Mauern nicht selten 4,5 Meter dick waren. Außerdem errichteten sie ganz besondere Bauwerke, die so genannten „Tower House Castles", die eindeutig eine defensive Funktion erfüllten. Heute sind es nur noch einsame Ruinen, die von erhabenen Felsen auf die Küste herabblicken und die irische Landschaft nur noch melancholischer wirken lassen. Blarney Castle mit seinem berühmten Stein der Eloquenz, Bunratty Castle in der Grafschaft Clare, das von einem herrlichen Park umgeben ist, sowie die großartige anglo-normannische Burganlage Trim Castle, sind nur ein paar der am besten erhaltenen Tower Houses, derer Hunderte in ganz Irland verstreut stehen. Zusammen mit den Normannen ließen sich auch etliche Mönchsorden auf der Insel nieder, wo sie sich im Lauf der folgenden drei Jahrhunderte

dem Gebet und der Verbreitung des christlichen Glaubens widmeten. Auf diese Weise legten sie den Grundstein für die tiefe, manchmal sogar fanatische religiöse Hingabe, die solch großen Einfluss auf die irische Geschichte ausüben sollte.
Mehr als andere Städte trägt Dublin noch immer die Zeichen der normannischen Herrschaft. Beispiele dafür sind die Kirche St. Patrick und die Christ Church Cathedral, die heute zur protestantischen Kirche gehören. Die Christ Church Cathedral wurde 1172 von Strongbow erbaut und Ende des 19. Jahrhunderts großflächig renoviert, als der gotische Stil erneut in Mode kam. Dublin Castle, ebenfalls normannischen Ursprungs, war bis 1920 Symbol und Bollwerk der englischen Herrschaft. Sein Bau wurde Anfang des 13. Jahrhunderts begonnen und danach mehrmals erweitert bzw. verändert. Bis zur elisabethanischen Zeit beschränkte sich die englische Herrschaft auf die Küstenregion, auch bekannt als „The Pale", die sich von Dundalk bis zur Dublin Bay erstreckte. Nachdem Wilhelm von Oranien jedoch 1690 die irische Armee in der Schlacht von Boyne besiegt hatte, zwang man die gesamte Insel, die Souveränität des britischen Parlaments anzuerkennen. Im 18. Jahrhundert erlebte Dublin eine glanzvolle Zeit des Wachstums, die sich noch heute im Erscheinungsbild einiger Teile der Stadt widerspiegelt. Der älteste Bereich Dublins wurde leider zerstört und an seiner Stelle errichtete man viele Gebäude im georgianischen Stil. Breite Boulevards wie O'Connell, Upper Merton und Baggot Street wurden angelegt, aber auch viele Brücken und große Plätze. Die unvermeidliche Gleichförmigkeit der in diesem Stil erbauten Häuser verführte die Dubliner dazu, ihre Vordereingänge mit individuellen Ornamenten zu schmücken. So entstanden die berühmten „Doors of Dublin", die mit ihren leuchtenden Farben und harmonischen Formen den Beweis für die nicht zu unterdrückenden Kreativität der irischen Seele liefern.
In Dublin stößt man aber auch immer wieder auf Zeichen älterer und jüngerer Zwistigkeiten. An der Fassade des Postamts in der O'Connell Street sieht man zum Beispiel noch Einschusslöcher aus dem Jahr 1916, als eine Gruppe wagemutiger, idealistischer Patrioten das Gebäude einzunehmen versuchte und damit einen Volksaufstand auslöste, der tragisch endete. Die Prokathedrale St. Mary, die wichtigste römisch-katholische Kirche der Stadt, wurde zwischen 1815 und 1825 am linken Ufer des Liffey erbaut. Zu dieser Zeit lag dieser Bereich am Stadtrand, denn der Druck der protestantischen Gemeinde sowie strikte, antikatholische Gesetze hatten verhindert, dass die Kirche in der Stadtmitte errichtet werden konnte. Angesichts der zentralen Position der beiden protestantischen Kirchen Christ Church und St. Patrick im Vergleich zu St. Mary erkennt man, welchen Repressalien die Katholiken in Irland seit Jahrhun-

derten ausgesetzt waren, und das, obwohl sie 95 Prozent der Bevölkerung stellten. Heute gibt es in Dublin etwa 700 Kirchen und Kapellen, die allen Bedürfnissen der dicht bevölkerten Erzdiözese gerecht werden. Daneben findet man hier noch 276 Konvente sowie 108 religiöse Institutionen, die eine führende Rolle im Erziehungs-, Gesundheits- und Sozialwesen spielen.
Das alte Dublin wurde von skandinavischen Wikingern an einer wunderschönen Stelle gegründet, nämlich inmitten eines großen Tales, umgeben von sanft geschwungenen Hügeln. Direkt an der Mündung des Flusses Liffey an einer großen Bucht gelegen wurde die Stadt ein aktives Zentrum für den Handel mit England sowie dem Rest Europas. Die Vitalität der irischen Hauptstadt spiegelt sich auch auf den Seiten der *Ulysses* von James Joyce wider. Die Hauptfigur dieses Romans, Leopold Bloom, wird jedes Jahr am 16. Juni, dem so genannten Bloomsday gefeiert, wenn junge, kostümierte Schauspieler in den Straßen der Stadt Passagen und Monologe aus dem Werk von Joyce rezitieren. Die Landeshauptstadt gilt außerdem als überaus fruchtbarer Nährboden für neue Ideen, der viele geniale Schriftsteller hervorbrachte. Zu ihnen zählen auch Jonathan Swift mit seinen beißend sarkastischen Satiren, John Millington Synge, der vom harten, irischen Leben erzählte, Sean O'Casey und natürlich James Joyce. Oliver Goldsmith, Oscar Wilde, Bram Stoker (der Autor von *Dracula*) sowie Samuel Beckett studierten am Trinity College, das Elizabeth I. 1592 als Äquivalent zu den Universitäten von Oxford und Cambridge gründete. Hier kann man die berühmte alte Bibliothek besichtigen, in der das Book of Kells zusammen mit vielen anderen alten Manuskripten ausgestellt ist. Diese Handschriften wurden von irischen Mönchen prächtig illustriert und gelten als bedeutende Kunstschätze des Hochmittelalters.
In Dublin gibt es etwa 800 Pubs. Es handelt sich dabei um Orte, an denen Gallonen von Bier geschluckt, Liter von Whisky gekippt und ganze Ozeane von Worten in angeregten, manchmal auch hitzigen Debatten dahinströmen, die nicht selten in einem gemeinsam gesungenen, patriotischen Lied enden. Die Pubs von Dublin sind erst vor wenigen Jahrzehnten zum Treffpunkt für Jung und Alt, für Männer und Frauen geworden. Die Gläser werden mit dem klassischen irischen Schwarzbier gefüllt, dessen Schaum am Glasrand eine dicke Schicht bildet. Das am häufigsten getrunkene Bier in Irland ist das Guinness, das seit 1779 hergestellt und vermarktet wird. Die große Brauerdynastie war zwanzig Jahre zuvor von Arthur Guinness gegründet worden, der in einer kleinen Brauerei in St. James Gate Ale produzierte, ehe er 1779 das dunklere Porter in Irland einführte. Heutzutage wandern fast achtzig Prozent der irischen Gerste in die Guinnessproduktion. Der typisch bittere Geschmack und der milde, süßliche Nachklang entste-

hen nicht beim Brauvorgang, der sich bei allen Arten von Bier kaum unterscheidet, sondern dadurch, dass ein Teil der Gerste vorher geröstet wird. In irischen Pubs wird das Bier mit fast religiöser Andächtigkeit gezapft, um zu viel Schaumbildung zu vermeiden. Ein echter Guinness-Kenner erfreut sich zuerst an der Farbe des Bieres, bevor er es in langen, durststillenden Schlucken trinkt. In den Pubs von Dublin findet man auch meistens noch die traditionelle Einrichtung aus dunklem Holz. Die gehobene Ausführung besteht aus Mahagoni, kombiniert mit Messing, meist jedoch geht es ein wenig rustikaler zu, mit harten Stühlen und alten Spiegeln an den Wänden. Das Licht ist fast immer gedämpft und schafft eine Atmosphäre der Vertrautheit, in der man leichter miteinander ins Gespräch kommt. „Pub Crawling", eine Pilgerfahrt von einem Pub ins nächste, ist ein Brauch, dem sich alle Erstsemester-Studenten der Universität von Dublin unterziehen müssen. Aber auch viele Touristen versuchen auf diese Weise, die vielen Gesichter der Pubs von Dublin zu ergründen. Das „Brazen Head" rühmt sich beispielsweise, die älteste Alkohol-Lizenz Irlands zu besitzen, das historische „Davy Byrne's" dagegen wird in der *Ulysses* von Joyce erwähnt. Musiker treffen sich gern im „O' Donoghues" in der Merrion Row, während die Freunde des Pferdesports (und anderer Sportarten) das „Old Stand" bevorzugen.

Dublin ist eine Stadt, in der man spürt, wie die Vergangenheit in der Gegenwart weiterlebt. Einerseits wird sehr aufwändig das Custom House restauriert, das 1781–91 von dem genialen Architekten James Gordon erbaut wurde, andererseits wachsen in dem geschäftigen Finanzzentrum jeden Tag neue supermoderne Gebäude in die Höhe. Eine Anzahl alteingesessener und bekannter Buchläden wie Hodges Figgis, Greene's und Fred Hanna's sind bereit, jeden Wunsch ihrer Kunden zu erfüllen. Die Iren haben aber nicht nur eine große Vorliebe für Bücher, sondern auch für Pferde und daher findet jeden ersten Sonntag im Monat in einer Dubliner Vorstadt im Norden der Smithfield Horse Market statt. Verlässt man die Hauptstadt, begibt man sich in eine scheinbar grenzenlose Welt aus Gras, steilen Fjorden, langen, einsamen Sandstränden, wilden Mooren sowie normannischen Türmen und langsam zerfallenden Burgen, die sich hier und da aus dem Nebel erheben.

Etwas weiter im Norden, in einem Gebiet zwischen dem Irischen Meer und dem Fluss Boyne, kann man die Geschichte des Landes aufleben lassen, wenn man das alte Kloster von Kells besucht, von dem allerdings nur noch ein paar Kreuze und ein runder Turm übrig sind. Vom Hügel von Tara aus, der königlichen Residenz der Kelten, kann man die Gräber und Erdgebäude besichtigen, in denen die gälischen Könige und Priester ihre Clans versammelten, während man in New Grange sogar bis in prähistorische Zeiten zurückreisen kann, indem man sich in die riesi-

24 *So ein bunt bemalter Wagen, der von einem einzigen Pferd gezogen wird, diente früher den irischen Nomaden als Behausung. Heute ziehen damit Touristen umher, die Spaß an alternativem Urlaub haben.*

25 *Als Ergebnis der demographischen Explosion in den letzten 25 Jahren, sind heute fast 50 Prozent der Bevölkerung jünger als 25 Jahre.*

ge, zwölf Meter hohe Grabkammer begibt, einer imposanten Erinnerung an den Totenkult, die bis in unsere Zeit überdauerte.
Die natürliche Gestalt des Landes wird in erster Linie durch seine Geologie bestimmt. Die Nordküste, die hauptsächlich aus Granit oder anderem Magmagestein besteht, weist kantige und steile Linien auf, während der geologisch gesehen jüngere Sand- und Kalkstein im Süden eine wesentlich unebenere Küste mit Fjorden und tiefen Einschnitten hervorbrachte. Die Atlantikküste wird zudem von den warmen Gewässern des Golfstroms umspült, der nicht unerheblich zu dem feuchten und nebligen Klima beiträgt. Die milden Winter und kühlen Sommer begünstigen das üppige Wachstum von Bäumen, Wiesen und zahlreichen Büschen, die von April bis Oktober unermüdlich blühen.
Die Grafschaften Cork und Kerry repräsentieren den echten Kern Irlands, dort, wo das Herz der Menschen im Gleichklang mit dem geheimen Rhythmus des Landes schlägt und wo der jähzornige Himmel stets von Wolken verhangen ist. Hier, im Südwesten Irlands, ist die Schönheit der Natur überwältigend. Wie fünf Finger erstrecken sich die Halbinseln in den Atlantik und jede von ihnen besitzt ihr ganz eigenes, unvergessliches Szenario. Strände wechseln sich mit Felsen ab und die gewundenen Straßen flankieren Fuchsien, Rhododendren, Palmen und Agaven. Auf Mizen Head erlebt man das einzigartige Schauspiel, wie die Wellen des Ozeans tosend gegen die fast senkrechtenKlippen schlagen. Man kann gut verstehen, dass hier im Lauf der Jahrhunderte viele Schiffe Schiffbruch erlitten, weil die steilen Felsen oftmals von undurchdringlichem Nebel verdeckt werden. Der Charme der Dunmanus Bay dagegen steht in starkem Kontrast zu dem ansonsten so rauen und kargem Land, von dem sie umgeben ist. Tatsächlich ist das Land so unfruchtbar, dass die Hauptnahrungsquelle seiner Bewohner schon immer das Meer gewesen ist. Entlang der berühmtesten Reiseroute durch die Halbinsel Iveragh, dem Ring of Kerry, kann man die höchsten Berge Irlands mit ihrer romantischen Moorlandschaft und den vielen, forellenreichen Flüssen bestaunen, aber auch die zahlreichen Seen rund um Killarney. Die Halbinsel Dingle, zugleich der westlichste Punkt der Insel, ist noch zauberhafter und wilder. Enge Straßen winden sich gemächlich hinauf zur Spitze der Klippen, von wo aus man einen herrlichen Blick über die umliegenden Berge oder auf die Felsen der Blasket Inseln genießen kann.
Für den Besuch des traditionellen Pferdemarkts von Killorglin in der Grafschaft Kerry sollte man sich Zeit nehmen und die Geschäftsverhandlungen beobachten, bei denen es zuweilen hoch hergeht. Ist der Kauf dann beschlossen, tauschen beide Parteien einen kräftigen Handschlag und markieren den Rücken des Pferdes mit Schlamm.

In der ersten Augustwoche findet in der selben Stadt ein ungewöhnliches Fest statt, das sich Puck Fair nennt und dessen Ursprünge wahrscheinlich auf keltische Fruchtbarkeitsriten und auf die Anbetung des ziegenbeinigen Gottes Pan zurückgehen. Im Lauf der Feier wird nämlich ein wilder Ziegenbock für drei Tage zum König von Irland gekrönt. Zugleich findet auch ein großer Viehmarkt statt, auf dem lokale landwirtschaftliche Produkte verkauft werden. Überall in der Stadt stehen Stände und Kioske und die Pubs dürfen bis in die frühen Morgenstunden geöffnet haben. Während dieser drei närrischen Tage ist Killorglin auch das Ziel der letzten irischen Nomaden, der Tinker, die sich mindestens einmal im Jahr alle an einem Ort versammeln. Die Vorfahren dieser unermüdlich Reisenden sind keinesfalls mit den nomadischen Völkern verwandt, die man auf dem Kontinent findet. Man geht davon aus, dass die Ahnen der Tinker eine Gruppe von Ureinwohnern war, die sich von der „zivilisierten“ Gesellschaft abspaltete und das Umherwandern der Sesshaftigkeit in den Dörfern vorzog. Früher fuhren die Tinker in bunt bemalten Pferdewagen kreuz und quer über die Insel, und die Männer benutzten eine ganz besondere Geheimsprache, genannt Shelta, um miteinander zu kommunizieren; doch leider ging diese Sprache mittlerweile fast ganz verloren. Vor allem in ländlichen Gegenden hatten die Tinker eine wichtige Funktion, denn sie reparierten Werkzeuge, beulten Kupferkessel aus, außerdem verkauften sie Tand und trieben Viehhandel. Infolge der Mechanisierung der Landwirtschaft und zunehmenden Veränderung der irischen Gesellschaft hausen die letzten heute noch übrig gebliebenen Tinker-Familien meist in heruntergekommenen Hütten am Rand der Wohngebiete.
Zu den bekanntesten und am meisten fotografierten Landschaften Irlands gehören die imposanten Klippen von Moher in der Grafschaft Clare, die auf einer Länge von acht Kilometern 183 Meter hoch über dem Ozean aufragen. Vor allem von O'Brien's Tower aus ist der Anblick atemberaubend. Im Nordwesten der Grafschaft Clare stößt man auf noch einen ganz besonderen Anblick. Es handelt sich dabei um The Burren, das mit dreihundert Quadratkilometern größte Kalkstein-Karstgebiet Westeuropas, das zwar aussieht wie eine Mondlandschaft, aber in Wirklichkeit ein Paradies für Archäologen, Geologen und Botaniker darstellt. Im Lauf der Jahrmillionen hat das Wasser hier ein bizarres System aus Stalakmiten und Stalagtiten geformt. Besonders erstaunlich ist jedoch, dass im Ökosystem des Burren mediterrane, arktische und alpine Pflanzen nebeneinander gedeihen. Trotz des heute eher kargen Bewuchses war der Burren einst von üppigen Wäldern bedeckt und wurde von prähistorischen Völkern bewohnt, die dort zahlreiche Megalithgräber, darunter den berühmten Dolmen von Poulnabrone, errichteten. Die Umrisse der prähistori-

26 *An den lieblichen Küsten der Grafschaft Kerry wechseln felsige Abschnitte mit sandigen Stränden.*

27 oben *Dank der fruchtbaren Weiden von Connemara sind die berühmten Ponys dort noch weit verbreitet.*

27 Mitte *Bukolisches Bild in der Grafschaft Galway. Den irischen Überlieferungen und Legenden zufolge, die sich in dieser Region großer Beliebtheit erfreuen, war der erste Bewohner der Insel ein Pferd.*

27 unten *Einige Teile der Aran-Inseln gegenüber der Galway Bay sind unbewohnt, weil der Boden zu unfruchtbar ist.*

28–29 *Dunguaire Castle thront malerisch über der Galway Bay. Dieses Herrenhaus aus dem 15. Jahrhundert wurde sorgsam restauriert und beherbergt heute eine historisch und literarisch bedeutende Sammlung.*

30–31 *Über die westlich gelegenen, vom Golfstrom verwöhnten Grafschaften, und insbesondere über Kerry, bläst ein ständiger Wind vom Atlantik.*

schen Ruinen und der fast ausgelöschten Spuren menschlicher Anwesenheit am Horizont wirken in dieser einsamen Landschaft wie riesige, schlafende Tiere. Die zerklüftete Halbinsel Connaught mit den Grafschaften Galway, Mayo, Sligo, Leitrim und Roscommon erscheint auf der Westseite karg und wild mit ihren steilen Bergen, den stillen Ebenen und den öden Moorlandschaften. Im Osten dagegen ist sie fruchtbarer und auch wesentlich dichter besiedelt. Connaught steht außerdem als Mahnmal für das Leid des irischen Volkes. Überall trifft man auf die Ruinen verlassener Häuser inmitten von Kartoffelfeldern. Als im Herbst 1845 die große Hungersnot begann, der Hunderttausende von Menschen zum Opfer fielen, wurde Galway der Haupthafen für die Überfahrt nach Amerika, in der viele irische Familien ihre letzte Rettung sahen. Doch trotz ihrer Einsamkeit strahlen die kargen Moore dieser Gegend eine emotionale Wärme aus, die die Seelen der dort Ansässigen durchdringt, während der Geruch von Moos über den Torfmooren schwebt und aus den versteckten Destillen von Lattermore, Lattermullen und Rosmuck der stechende Alkoholgeruch von schwarzgebranntem Whiskey aufsteigt.

The Gaeltacht of Connemara, eines der letzten traditionellen Bollwerke gälischer Kultur, beginnt an der Grenze der Grafschaft Galway – genau, dort wo man plötzlich auf irische Straßenschilder stößt, die keine englische Übersetzung mehr haben. In den 70er Jahren wurde diese Gegend zum Nationalpark von Connemara erklärt, um wenigstens einen Teil des Torfmoors zu erhalten. Seither ist diese Region auch für Touristen interessant geworden. Die sanften Hügel der Twelve Pins, die einsamen Moore von Maan Cross und die hübschen Seen von Lough Corrib und Lough Conn bilden den perfekten Rahmen für naturverbundene Aktivitäten, wie Fischen, Wandern oder Mountainbiken. Aber natürlich kann man auch einen Ausritt auf den berühmten Connemara-Ponys unternehmen.

Wer sich für die alten keltischen und frühchristlichen Zeiten interessiert, sollte auf der historischen bzw. künstlerischen Route an den Ufern der Seen entlangfahren. Man gelangt auf diesem Weg zur Ross Emily Abbey, einem riesigen Franziskanerkloster, zur Cong Abbey, einem wunderschönen Beispiel für romanisch-irischen Baustil, zur Kylemore Abbey, einem imposanten Gebäude aus Granit und Kalkstein mit einem Kolleg, das von Benediktinerinnen unterhalten wird, und schließlich zur Insel Inishmore, wo man Dun Aengus besichtigen kann, eine stattliche Festung, deren konzentrische Mauern am Rand der Klippen erbaut wurden.

Die Grafschaft Mayo ist Schauplatz für ein großes, religiöses Festival, das am letzten Sonntag im Juli stattfindet. Tausende von Pilgern versammeln sich am Fuße des heiligen Berges Croagh Patrick, von wo aus

der Legende nach Sankt Patrick alle Schlangen der Insel ins Meer warf. In Wahrheit gab es nie Schlangen auf Irland, aber bekanntermaßen gelten diese Tiere ja auch als Symbol für alles Heidnische und für die Versuchung.
Vom Gipfel des Berges aus hat man einen wunderbaren Blick über den Atlantik mit der Clew Bay und den kleinen vor der Küste gelagerten Inseln. In der Ferne erkennt man die unregelmäßigen Umrisse von Achill Island, der größten irischen Insel, die mit dem Festland durch eine Brücke verbunden ist. Den nördlichsten Teil des Landes, nach dem einsamen Moor von Erris, beherrschen wundervolle Formationen aus steilen Klippen, goldenen Stränden, purpurner Heide und kleiner, quadratischer, strohgedeckter Cottages, umgeben von langen, gewundenen Mauern, die grasendes Vieh oder angelegte Felder umzäunen. Um den Zeilen von William Butler Yeats neues Leben einzuhauchen, der die liebliche und verschlafene Grafschaft Sligo über alles liebte (und wo er auch in der Nähe der kleinen Kirche von Drumcliff begraben liegt), müsste man den kleinen See Glencare erkunden, den außergewöhnlichen Benbulben Mountain, die Umgebung von Lough Gill, dessen Insel Inisfree die Inspiration für ein berühmtes Gedicht lieferte, sowie das beeindruckende Lissadell House am nördlichen Ende der Drumcliff Bay. Die Region ist noch immer genauso schön wie in den Versen des Dichters beschrieben, der 1923 den Nobelpreis für Literatur erhielt. In dieser Gegend befinden sich übrigens auch Carrowmore, eines der größten Megalithgräber Europas, und der alte Hafen Rosses Point, von dem aus ebenfalls viele Auswandererschiffe nach New York fuhren. Man kann aber auch die langen Strände von Mullaghmore und Streedagh Point bewundern, an denen vier spanische Galleonen Schiffbruch erlitten, sowie den geheimnisvollen Clocknarea, an dessen Hängen Maeve, die keltische Kriegerkönigin, beerdigt wurde.
Die Grafschaft Donegal wurde, ebenso wie Connaught, von den englischen Siedlern fast völlig ignoriert, deshalb blieben hier die gälische Sprache und die alten Traditionen besser erhalten als anderswo. Sowohl ökonomisch als auch aus sozialer Sicht gelten diese Gegenden als rückständig. Die Landschaft Nordwestirlands hat noch jede Menge unberührte Natur mit stillen Tälern, einsamen Stränden und kleinen Dörfern zu bieten, und Donegal Town, an dem sich die Straßen von Sligo, Londonderry und Westdonegal kreuzen, gilt sozusagen als Tor zu dieser Region. Am Diamond Square findet täglich ein bunter Markt statt, auf dem man neben fangfrischem Fisch auch Bekleidung aus dem berühmten Tweed kaufen kann. Dieser sehr starke Stoff wird noch immer in vielen Häusern der Stadt von Hand gewoben und dann zu Hüten, Jacken und Mänteln verarbeitet, deren dunkle Farben an die Moorheide, den Torf, den

Nebel und den wolkenverhangenen Himmel erinnern. Donegal besitzt weder die tief eingeschnittene Küste des Südwestens noch die sanften Hügel von Kerry. Stattdessen wartet es jedoch mit den wunderschönen steilen Klippen von Slieve Leage und sehr alten Bergen auf, die sozusagen die natürliche Fortsetzung der schottischen Highlands bilden und aus Granitgestein bestehen, welches für Felsen des nordwestlichen Landesteils typisch ist.

Die Halbinsel Inishowen im nördlichsten Teil Irlands verfügt über eine bezaubernde Landschaft mit völlig unberührter Natur, die in Malin Head endet, einer Landzunge, von der aus man den schönsten Ausblick der ganzen Insel genießt: der Ozean, so weit das Auge reicht. Der größte Ort der Region heißt Buncrana und liegt am langen und schmalen Lough Swilly. Die meisten Touristen bevorzugen jedoch das nette Städtchen Malin mit seinen kleinen weißen Cottages, deren strohgedeckte Dächer mit starken Tauen festgebunden sind. Der wirkliche Zauber von Donegal liegt jedoch in der Kraft der Natur, die die Verbindung zwischen den Bewohnern und ihrer Umgebung formte und stetig verstärkte. Den Außenposten von Donegal bildet die hügelige Insel Arranmore, die stündlich von geschäftigen Fährbooten angesteuert wird. Auf Arranmore gibt es hübsche Strände, felsige Klippen, einsame Küstenabschnitte, kleine von Mauern umzäunte Felder und beschauliche weiße Häuser.

Auch die anderen zahlreichen Inseln der irischen Küste besitzen ihren eigenen Charakter, den zu bewahren die dort ansässigen Gemeinden meist eifrig bemüht sind. Manchmal erinnern sie an vergessene Einsiedeleien, in denen die alten Bräuche und Riten noch nicht den modernen Zeiten zum Opfer gefallen sind. Ihre Existenz ist eng mit dem Überleben der gälischen Sprache, der Traditionen, Mysterien, Balladen und Dorffeste verbunden. Die Aran Islands beispielsweise erheben sich gegenüber der Galway Bay als drei unregelmäßige Formen aus dem Meer und verfügen über zahlreiche Ruinen prähistorischer Befestigungen, mittelalterliche Türme, kleine frühchristliche Kirchen und heilige Brunnen. Irishmore, Inishmaan und Inisheer scheinen fast vollständig aus Steinen zu bestehen, aus denen die Einwohner unendlich lange Trockenmauern errichteten, mit denen sie ihr Vieh und ihre Ernte vor dem Wind schützten. Die legendären Aran-Islands beflügelten die Fantasie vieler Schriftsteller und Künstler. Während der gälischen Renaissance zeigte sich vor allem J. M. Synge von dem schlichten Charme dieser Kalksteininseln beeindruckt. Synge verfasste hier einige seiner besten Werke. Die Insel Skellig Michael liegt etwa 11 Kilometer vor der Küste gegenüber der Iverah-Halbinsel in der Grafschaft Kerry, ist jedoch bei Sturm – was häufig vorkommt – völlig vom Rest der Welt abgeschnitten. Man kann dort die Ruinen eines frühchristlichen

Klosters besichtigen, das handwerklich sehr geschickte Mönche auf einem Plateau hundertfünfzig Meter über dem Meeresspiegel erbaut hatten. Das ununterbrochene Rauschen der Wellen, die Schreie der Seevögel und das Heulen des Windes sind die einzigen Geräusche, die man an diesem Ort hört. Vom 9. bis zum 12. oder 13. Jahrhundert war Skellig Michael die Heimat für ein Dutzend Mönche, die in frommer Einsamkeit auf diesen steilen Felsen lebten. Auch wenn sich heute nur noch ein paar Touristen hierher verirren, hat der Ort von seinem religiösen Zauber nichts verloren. Auf Irland drehen sich die Geschichte und die Bräuche dieses Inselvolkes stets um das Übernatürliche und Fantastische. Und jeder, der schon einmal dort war, kann bestätigen, dass es inmitten der ungezähmten Natur, der grünen Weiten und unter dem romantisch leuchtenden Himmel plötzlich ganz einfach ist, an Elfen, Märchen und Magie zu glauben.

Landschaften und Legenden

Die irische Landschaft ist vor allem wegen ihres Abwechslungsreichtums so attraktiv. In einigen Gebieten im äußersten Westen ist sie wild und einsam, in anderen dagegen gibt es viele alte Spuren ehemaliger Besiedelung. Historische Ereignisse formten das Volk dieser Insel so wie ein Fluss das Tal, durch das er fließt.

Die Plateaus, aus denen der Kontinentalsockel besteht, wurden während der Eiszeit durch von den Gletschern verursachte Erosion stark verändert. Die niedrigen Berge Nordirlands und die sanft gewellten Hügel an der Küste bestehen aus uraltem Gestein, das im Lauf der Zeit so geformt wurde. Auch der Ozean fraß sich mit aller Macht ins Land hinein und ließ so eine große Vielzahl unterschiedlicher Küstenlinien entstehen. Das Erscheinungsbild der Landschaft verändert sich wie die vorbeiziehenden Wolken und fortwährend wird man in die Vergangenheit zurückversetzt, weil man die Überreste frühchristlicher Kirchen entdeckt, oder Burgruinen, über die man auf den Klippen, an den Ufern der Seen oder auch mitten in einer Ebene regelrecht stolpert.

32 oben *Die bezaubernde Halbinsel Dingle in der Grafschaft Kerry besitzt eine besonders wilde Schönheit mit steilen Klippen, sandigen Buchten und heidebewachsenen Hügeln.*

32 unten *Die seltsam geometrischen Basaltsäulen des Giant's Causeway in Nordirland wurden von Lavaströmen geschaffen, die an der Nordküste der Insel entlangflossen.*

33 *Das üppige Grün der Hügel rund um Kilkullen, nicht weit von der Stadt Kildare gelegen, erfährt zusätzliche Betonung durch die strengen Steinkreuze auf diesem kleinen Friedhof.*

Ashford Castle erhebt sich mitten im Grün von Connemara wie eine strenge Festung, deren Türme und Zinnen sich in den Gewässern des Lough Corrib spiegeln. Erst kürzlich wurde das Schloss zu einem Hotel umgebaut, dessen Zimmer teilweise mit echt antikem Mobiliar ausgestattet sind. Die Gäste von

Ashford sollen sich in einer eleganten und gehobenen Atmosphäre wohlfühlen, in der sogar die einfachsten täglichen Verrichtungen als vergnügliche Ereignisse empfunden werden.

36 *In der Grafschaft Kildare stößt man immer wieder auf Spuren der alten Völker und Abenteurer, die Irland um 100 n.Chr. beherrschten. Dieses Foto hier zeigt Kilkea Castle.*

37 *Noch heute ruhen auf einen Felsvorsprung hoch über der Küste die Ruinen von Dunluce Castle. Die Burg wurde im 14. Jahrhundert erbaut, ist jedoch seit 1641 nicht mehr bewohnt.*

Eines der berühmtesten Schlösser Irlands ist Adare Manor in der Grafschaft Limerick. Wie viele andere Herrenhäuser wurde es zu einem exklusiven Hotel mit einem privaten Golfplatz und einem eigenen Jagdgebiet umgebaut. Die Gäste von Adare Manor können

den riesigen Garten mit seinen herrlichen Hecken und Blumenbeeten bewundern. In entspannter Atmosphäre verbringt man hier unvergessliche Tage, an denen man die irische Freundlichkeit und auch die irische Küche genießt.

Am Ozean

Eine Reise entlang der irischen Küste kommt dem Betreten einer Welt voll Wunder gleich: Endlose grüne Weiten wechseln hier mit steilen Fjorden, und einsame Strände konkurrieren mit wilden Mooren, über die fortwährend der Wind peitscht. An klaren Tagen hat man von den Klippen aus einen spektakulären Ausblick über den Altantik. Bei kühlem, klarem Wetter wird das Blau des Meeres um einige Töne dunkler und lässt die Trennlinie zwischen Land und Wasser sowie die Umrisse des Festlands noch stärker hervortreten.

40–41 oben *Die Küste von Donegal in Nordwestirland ist noch immer fast unberührt.*

41 unten *Die mächtigen Klippen von Moher befinden sich in der Grafschaft Clare im Westen der Insel.*

42–43 *Fanad Head erstreckt sich an der Nordküste von Donegal.*

Romantische und einsame Strände findet man überall an der irischen Küste. Manchmal sind es kleine, zwischen den Felsen versteckte Mulden, die man nur vom Meer aus erreicht. Manchmal aber sind es ausgedehnte, weite Sandbuchten, die bei Flut unter Wasser stehen. Trotz der milden Lufttemperatur ist das Wasser des Atlantiks ziemlich kalt und nur die hartgesottensten Naturen wagen darin zu schwimmen. So eine einsame Küste unter einem oftmals bewölkten Himmel macht dem Betrachter die Schönheit der Natur fast schmerzlich bewusst und er mag sich überlegen, inwiefern wohl der Charakter der Inselbewohner, die abweisend und kalt, aber auch offenherzig und fröhlich sein können, von dem Ort beeinflusst wurde, an dem sie leben.

44 *Die Strände von Wexford Bay sind besonders schön und deshalb oft von Touristen bevölkert.*

45 *Die Halbinsel Dingle im südwestlichen Teil der Insel, erstreckt sich vierzig Kilometer weit in den Atlantik.*

46–47 *In Donegal gibt es viele zauberhafte Gegenden: lange, einsame Strände, wilde Bergtäler und faszinierende Naturreservate, die vom Zugriff der Menschen verschont blieben.*

Die ungezähmte Seite von Irland

48 *Die beeindruckenden Klippen von Moher erstrecken sich mehr als acht Kilometer weit zwischen Liscannor und Dolin und ragen an manchen Stellen über 182 Meter fast senkrecht in die Höhe.*

49 *Die Winde des Ozeans peitschen die hohen Felsklippen von Moher und das Meer brandet tosend in die Sandsteinschluchten dieses imposanten Küstenabschnitts.*

50–51 *Die Aran Islands liegen direkt vor der Galway Bay im Meer. Die drei Inseln Inishmore, Inishmaan und Inisheer bestehen fast ausschließlich aus kompaktem Felsgestein und wirken wie drei Buckel, die auf der Wasseroberfläche ruhen.*

52–53 *Die Aran Islands besitzen einen ganz eigenen, schlichten Charme. Keltische Kultur und Sprache haben hier überlebt. Wie einst bei deren Vorfahren bestimmt auch bei den heutigen Inselbewohnern die Natur den Lebensrhythmus.*

Irische Ruhe und Einsamkeit

54 *Sogar in den einsamsten Gebieten von Donegal trifft man auf den abgelegensten Strecken oft auf kleine Schreine am Straßenrand. Bereits im Jahr 432 n.Chr. hatte xSt. Patrick den Grundstein für den christlichen Glauben auf der Insel gelegt.*

55 *Ein kleiner Friedhof nahe bei Kilcullen in der Grafschaft Kildare, auf dem man, neben jüngeren Grabsteinen, auch noch Steinkreuze aus dem Mittelalter finden kann.*

56–57 *Wegen des vielen Regens ist die Halbinsel Dingle reich an grünen Wiesen und fruchtbarem Weideland.*

Das wilde Donegal

58–59 *Grüne Hügel, bestellte Felder und einsame Farmhäuser – dies ist typisch für die irische Landschaft von Donegal, in der viele der einsamen Häuser noch mit Stroh gedeckt sind.*

60–61 *Ein Blick auf die grüne Landschaft, die sanft zum Meer abfällt. In Donegal werden noch gälische Traditionen aufrechterhalten und die alte irische Sprache gesprochen, die auf die Kelten zurückgeht.*

Eine massgefertigte Stadt

Irland blieb jahrhundertelang von den militärischen und politischen Erhebungen Europas verschont. Selbst die römischen Legionen waren mit der Verteidigung der schottischen Grenze derart befasst, dass sie Plänen eines Vorstoßes nach Irland keine Aufmerksamkeit mehr widmen konnten. Deshalb besaß Irland auch keine bedeutenden römischen Siedlungen, die ja in vielen anderen europäischen Staaten die Grundlage für späteres Städtewachstum bildeten. Unter den Kelten war Irland in isolierte Stammesgebiete unterteilt, die über das gesamte inländische Plateau verstreut waren. Erst nach Ankunft der Wikinger und später, unter den Normannen, entwickelte sich der Handel mit dem Kontinent. Die skandinavischen Invasoren gründeten eine Reihe von Küstenorten, die später zu Städten heranwuchsen. Diese Häfen wurden dann von den Normannen vergrößert und befestigt, während in den Regionen im Inland weiterhin das ländliche Leben vorherrschte.

62 oben *Das Zollhaus, ein Entwurf von James Gandon, gilt als eines der schönsten Beispiele für neoklassizistische Architektur in Dublin.*

62 unten *Das alte Dublin entstand in einem breiten Tal mit Blick auf das Meer, direkt am Ufer des Liffey River.*

63 *Hinter den Häusern von Cobh, dem Hafen in der Cork Bay, der zur Stadt Cork gehört, befindet sich die herrliche Kathedrale St. Colman, deren Originalbau aus dem 14. Jahrhundert stammt.*

The Atlantic Inn
THE GALLEY
MADDENS

EDDIE TOBIN
GENTS TAILOR
DRESS HIRE SERVICE
MORNING & EVENING WEAR
BARBER SHOP
DRESS HIRE SERVICE
LOTTO
FRANCOISE
TO LET
Bus lane ahead
ADVANCE
LOWE
936 TAXI
TAXI

EINE FREUNDLICHE HAUPTSTADT

Das gegenwärtige Stadtbild von Dublin geht zurück auf das 18. Jahrhundert, als die breiten Straßen O'Connell, Upper Merrion und Baggot angelegt wurden. Zu dieser Zeit entstanden auch etliche Brücken über den Liffey River, große Plätze und zahllose Gebäude im georgianischen Stil. In einigen Bereichen erinnern prächtige Straßenzüge, säulenverzierte Paläste und die schmiedeeisernen Straßenlampen an die umstrittene, aber sehr wohlhabende Periode unter britischer Herrschaft. In den letzten Jahrzehnten des 20. Jahrhunderts erlebte Dublin ein beeindruckendes und unaufhaltsames Wachstum. In den Sechzigern wurden ganze Wohnbezirke durch Büros und Handelshäuser ersetzt. Erst durch mutige Restaurierungsarbeiten gelang es, die fast verloren geglaubte Schönheit des dekorativen Straßenbelags, der dünnen, schmiedeeisernen Dekorationen und der typischen, eingerahmten Dubliner Türen mit ihren anmutig wirkenden Oberlichtern zu retten.

66 oben *Auf einem Fenster neben dem Eingang dieses Dubliner Pubs steht der Name des bekanntesten und beliebtesten irischen Biers: Guinness.*

66 unten *Ein Blumenstand bringt einen bunten Farbtupfer in einer der schönsten Fußgängerzonen Dublins.*

67 oben *Die typischen Türen von Dublin am Merrion Square fallen durch ihre bunten Farben, weißen Säulen und neoklassizistischen Friese ins Auge.*

67 unten *Trotz unkontrollierter Bautätigkeit bewahrten einige Bereiche der Stadt ein provinzielles, fast ländliches Erscheinungsbild.*

68–69 *Auch in diesem modernen Einkaufszentrum ist der Charme des irischen Lebensstils spürbar.*

FLOWERMAN
½ Price SPECIALS
½ Price SPECIALS
yves

THE DESIGN CENTRE
the FLOWERMAN

O'CONNELL
P
LISNEY
87 D 6157

Die irische Hauptstadt hat viele berühmte Söhne, wie zum Beispiel Jonathan Swift, Sean O'Casey, Oscar Wilde und natürlich James Joyce, dessen berühmtester Roman in Dublin spielt. Es stimmt wirklich, dass viele Dubliner insgeheim hoffen, eines Tages als Dichter oder Schriftsteller bekannt zu werden.

Seit die Zensur abgeschafft wurde und auch die Kirche eine nicht mehr ganz so strenge Position bezieht, treffen sich wieder viele junge Leute in der Grafton Street. Natürlich sind sie nach der neuesten und oftmals etwas extravaganten Mode gekleidet.

72 oben *Die St. Patrick's Cathedral wurde 1192 geweiht und ist ein herrliches, gotisches Bauwerk mit einem mächtigen, viereckigen Turm.*

72 Mitte *Die massiven Säulen am Eingang des Nationalmuseums blicken auf die Merrion Street. Im Inneren sind viele Zeugnisse von großem historischen Wert ausgestellt.*

72 unten *Das Gebäude, in dem sich heute die Irische Bank befindet, wurde 1729 als irisches Parlament erbaut.*

73 *Die Christ Church Cathedral wurde von den Dänen gegründet, von den Normannen mehrmals erweitert und schließlich 1870 teilweise erneuert.*

92-D-14243

Das Schloss von Dublin wurde zwischen 1202 und 1220 auf einer Anhöhe errichtet und galt jahrhundertelang als Symbol der britischen Herrschaft in Irland. Ein Großteil des Schlosses stammt aus dem 18. Jahrhundert. Lediglich der Record Tower im Innenhof ist ein Überbleibsel der ehemaligen Normannenfestung. Wesentlich interessanter als das Äußere sind

jedoch die Räume des Schlosses. In der St. Patrick's Hall beispielsweise, die dreiundzwanzig Meter lang und fast elf Meter hoch ist, findet die Amtseinsetzungszeremonie der irischen Präsidenten statt. Der Saal besitzt besonders schöne Paneelverzierungen, Friese und Stuckdekore an den Wänden. Aber auch die anderen Räume sind reich mit Spiegeln, goldenen Säulen, prächtigen Teppichen und elegantem Mobiliar geschmückt. Sie dienen heute hauptsächlich Staatsempfängen und offiziellen politischen Treffen.

DD
SERENISSIMI REGIS
CAROLI SECUNDI

D

Wenn es Abend wird, kommt in Dublin eine neue Stimmung auf. Die Hauptstadt verliert zwar nicht an Atmosphäre und guter Stimmung, aber der Bezugspunkt für die lebhaften Menschengruppen verschiebt sich, und zwar von der Fußgängerzone in der Grafton Street zu den Terrassen des Abbey Theaters, von den Arkaden zu den Tischen der zahllosen Pubs. Vor allem die Pubs sind der schönste Ort, um anderen Menschen zu begegnen, und der richtige Platz, um stundenlang mit Freunden bei einem Bier oder einem Glas irischen Whiskey zusammenzusitzen.

Irish Nationwide
Building Society
IRISH NATIONWIDE
Nº 1
IRISH NATIONWIDE BUILDING SOCIETY

The Atlantic
THE GALLEY
SALEEN

Unbeugsames Cork

Wegen seiner günstigen Lage an der Küste und seiner kommerziellen Aktivitäten besitzt Cork kontinentales Flair, auch wenn die Stadt sich stolz ihre Unabhängigkeit bewahrt hat, die ihr einst den Beinamen „Rebellenstadt“ einbrachte. Die erste Siedlung wurde hier im 6. Jahrhundert von St. Finbar gegründet, und zwar auf einem sumpfigen Stückchen Land genau zwischen zwei Armen des Flusses Lee, die mittlerweile zu Kanälen ausgebaut worden sind. Der Name Cork stammt von dem gälischen Wort für Sumpfland. Der alte Stadtkern liegt noch heute direkt am Fluss, eingefasst von den Wohngebieten auf beiden Seiten des Ufers.
Cork ist die zweitgrößte Stadt der Republik Irland und besitzt einen geschäftigen Hafen, der sich zusammen mit dem nahe gelegenen Dock Cobh für die umliegenden Grafschaften als großer wirtschaftlicher Segen erwies.

84–85 *Cork ist eine geschäftige Stadt an der Südküste mit etwa 150000 Einwohnern.*

86–87 *Wunderschöne schmiedeeiserne Dekorationen zieren das Dach der Kathedrale in Cobh, einem Seehafen nahe der Mündung des Flusses Lee.*

MURPHY'S
STOUT

Farbenfroh und abgeschieden

Dingle ist eine lebhafte Kleinstadt und liegt in einem kleinen Tal inmitten anmutiger Hügel an der Dingle Bay. Vor einiger Zeit war der Hafen ziemlich bedeutend, weil dort die Schiffe anlegten, die aus Spanien kamen. Heute ankert dort allerdings nur noch eine kleine Flotte von Fischerbooten. Bisher finden nur wenige Touristen den Weg nach Dingle, daher ist es noch nicht sehr überlaufen. Besucher fühlen sich nicht nur von der Schönheit des Ortes und den köstlichen Fischgerichten, die in den Restaurants serviert werden angezogen, sondern auch von der Freundlichkeit der Einwohner. Dingle ist außerdem ein guter Ausgangspunkt für Fahrten in die umliegende, wunderschöne Landschaft auf einer der charmantesten Halbinseln der Westküste.

The FORGE

MURPHY'S PUB
GUINNESS
TRADITIONAL
MUSIC
TONIGHT
PULL
VISA

Die geteilte Stadt

90 *Das Rathaus von Belfast wurde Ende des 19., Anfang des 20. Jahrhunderts im Renaissance-Stil erbaut. Der Turm in der Mitte ist achtundvierzig Meter hoch und wird von einer Kupferkuppel gekrönt.*

91 *Trotz des rapiden industriellen Wachstums im 19. Jahrhundert, das Belfast zu einem der größten See-häfen des Vereinigten Königreichs machte, findet man in der Stadt elegante Gebäude, breite Prachtstraßen und von viel Grün umgebene Wohnbezirke.*

92–93 *Stormont, am Stadtrand von Belfast gelegen, ist das Parlamentsgebäude von Ulster. Nach dem Vorbild des Buckingham Palastes gebaut, gilt es als Symbol der britischen Präsenz in Nordirland.*

CHECK POINT
ALL CARS
AND COMMERCIAL
VEHICLES
STOP HERE

Eine keltische Hochburg

Die Iren haben es immer geschafft, ihre eigenen kulturellen Wurzeln zu bewahren, die auf frühchristliche Invasoren aus Mitteleuropa zurükkgehen. Trotz ihrer bewegten Geschichte und der langen englischen Herrschaft haben sie sich kaum verändert. In der Hauptstadt und in Städten mit mehr Industrie sind die Zeichen des wirtschaftlichen Fortschritts und der sozialen Veränderungen, die das Wachstum der 70er Jahre begleiteten, jedoch eindeutig sichtbar.
Die neuen Generationen teilen ihre emanzipierte Einstellung, und ein gewisses Abstandnehmen von alten Sitten scheint den Druck strikter moralischer und religiöser Prinzipien etwas gemildert zu haben. Die irische Gesellschaft bleibt jedoch in erster Linie ländlich geprägt und gebunden an den Rhythmus einer oftmals feindseligen, gnadenlosen Natur, an die religiösen Riten aus der Zeit von St. Patrick und an die Feiern zu Ehren der Taten keltischer Helden. In manchen Gegenden scheint das unerbittliche Tempo des hektischen Alltags gedrosselt. So zum Beispiel in dem Bezirk *An Gaeltacht*, in dem noch immer diese besondere irische Sprache gesprochen wird, die so harmonisch klingt und voller unübersetzbarer Redewendungen ist.

94 oben *Ein aufmerksames Publikum beobachtet das spannende Pferderennen in Curragh.*

94 unten *Die meisten Iren gehen häufig ins Pub, wo sie Freunde treffen und ein gutes Bier trinken können.*

95 *Kleine Cottages wie dieses findet man in Irland fast überall.*

LOTA

DAS LAND DER DICHTER

Das Trinity College wurde von Elizabeth I. 1592 für die protestantische Mittelklasse gegründet und wuchs bald zu einem bedeutenden Kulturzentrum heran, das viele bekannte Schriftsteller und Dichter hervorbrachte. Die geradlinige Fassade der Universität ziert eine einzigartige Uhr, deren blaues Zifferblatt im Sonnenlicht erstaun-

lich hell leuchtet. An dem mit Kopfstein gepflasterten Hof befinden sich die Examination Hall (ein Theater) und die wunderschöne Kapelle, beide aus dem 18. Jahrhundert. In der alten Bibliothek kann man das Book of Kells bewundern, eine Handschrift von Mönchen aus dem 9. Jahrhundert. Seit seiner Gründung ist das Trinitiy College spiritueller Mittelpunkt vieler irischer Poeten und Bühnenautoren und natürlich ein Treffpunkt für Lehrer und Studenten.

Glaube und Hoffnung

Die St. Patrick's Cathedral stammt aus dem 12. Jahrhundert und wurde seitdem immer wieder vergrößert und verändert. Erst gegen Mitte des 19. Jahrhunderts erhielt die Kirche dank umfangreicher Restaurierungsmaßnahmen, die von der Guinness-Familie getragen wurden, ihre alte Pracht zurück. In St. Patrick gibt es einige Grabmonumente und Gedenktafeln, darunter die von Jonathan Swift, der von 1712 bis 1745 Dekan dieser Kirche war. Das Innere ist in gefälligem, gotischem Stil gehalten, mit bunten Glasfenstern, auf denen Szenen und Figuren aus der Bibel dargestellt sind.

„Slainte!“ – Ein Trinkspruch

100 *In den meisten Dubliner Pubs findet man traditionelles Mobiliar vor, gemischt mit modernem Inventar und gemütlich beleuchtet.*

101 oben *Frauen ist der freie Aufenthalt in den Pubs erst seit wenigen Jahrzehnten gestattet. Zuvor mussten sie sich in separaten Räumen oder hinter Wandschirmen aufhalten, die sie vor zudringlichen Blicken schützen sollten.*

101 unten *Die meisten Leute trinken im Pub Bier, das direkt von den Tanks gezapft wird, und den bernsteinfarbenen Whiskey, rein und mild, weil er dreimal destilliert wird und lange reift.*

Ländliche Bräuche

Der Lebensrhythmus auf dem irischen Lande hat keine Ähnlichkeit mit der hektischen Aktivität eines modernen landwirtschaftlichen Betriebes auf dem Festland.
In vielen Gegenden kann man den Boden nicht bestellen und die Pferdezucht ist daher für manchen Bauern die einzige Einnahmequelle. In vielen Orten von Kerry werden regelmäßig Märkte abgehalten, auf denen Züchter und Farmer über den Kauf oder Verkauf der besten Tiere bzw. Waren verhandeln. Die berühmten Ponys dagegen, die in aller Welt wegen ihres Temperaments, ihrer Kraft und ihrer Ausdauer so beliebt und bekannt sind, stammen aus Connemara. Obwohl diese Pferde auf relativ mageren Wiesen grasen, trifft man nicht selten Bauern mit Tieren von hoher Qualität.

104–105 *Manche Gegenden in Irland sind arm und unwirtlich. Viele abgelegene Farmen überleben nur dank der Nahrung, die ihnen ihre Felder liefern.*

105 oben *Viele Farmer der westlichen Grafschaften stechen Torf aus den Mooren. In getrocknetem Zustand ist er ein guter Brennstoff.*

106–107 *Stille und Einsamkeit sind allgegenwärtig, wenn man in den wildesten und abgeschiedensten Gegenden des Landes lebt.*

108–109 *Etwa achtzig Prozent der irischen Gerste fließen in die Bierherstellung. Man unterscheidet zwischen Lager und Bitter, wobei die korrekte Bezeichnung für das Guinness-Bier jedoch Stout lautet.*

Ehrfurcht vor dem Ozean

Die Iren sind keine Seefahrer, auch wenn ihr Land von Wasser umgeben ist. Sie holen seit Jahrhunderten den Fisch aus dem Meer, vor allem, während Zeiten der Hungersnot. Mit ihren zerbrechlichen kleinen Booten aber konnten sich die Fischer nie weit auf den stürmischen und unbeständigen Ozean hinauswagen. Seit dem 20. Jahrhundert sind die modernen Flotten jedoch wesentlich besser ausgestattet, um dem Meer zu trotzen.

FURUNO
tourist
information

Eigenbrötlerischer Zeitvertreib

Irland ist eine grüne, beschauliche Insel und die Iren haben den richtigen Rhythmus für ihren Alltag gefunden: Er wird nie zu hektisch, denn für sie vergeht die Zeit weder langsamer noch schneller. Ihren oft etwas einzelgängerischen Hobbys und Freizeitbeschäftigungen gehen sie meist inmitten von grünen Hügeln und unter einem manchmal klaren, manchmal wolkenverhangenen Himmel nach.

112 *Zwei Studenten des Trinity College spielen während einer Pause Croquet auf dem Campus.*

113 oben *In Irland gibt es überall Wasser: Flüsse, Seen und Bäche bieten Anglern eine reiche Auswahl.*

113 unten *Das Land ist für Golfspieler nahezu ideal. Die Golfanlagen befinden sich oft in Parks und Gärten von Schlössern.*

114–115 *An der Westküste finden die kleinen Segelboote jede Menge Anlegeplätze, wenn sie vom offenen Meer zurückkommen.*

Ein Herz für den Sport

Neben den bekannten werden in Irland auch einige Sportarten praktiziert, die es ausschließlich auf dieser Insel gibt und die wahrscheinlich noch aus den Zeiten der Kelten stammen. Meistens handelt es sich dabei um Amateurwettkämpfe, die in spannenden Turnieren und unter den Augen einer großen, treuen Zuschauerschar ausgetragen werden. Gaelic Football zum Beispiel wird

vor allem in Kerry gespielt, und von dort kommen auch die besten Spieler. Dieser Sport ist eine Mischung aus Football, Fußball und Rugby: Die Spieler dürfen den Ball mit den Händen fassen, ihn kicken oder stoßen. Da die Regeln jedoch nicht einheitlich festgelegt sind und ständig verändert werden, wird im Spiel meistens sehr viel improvisiert. Es ist jedoch zweifellos ein spektakulärer Anblick, wenn die Gaelic-Football-Spieler übers Feld rennen und dabei den Ball ständig zwischen Hand und Fuß hin und her wandern lassen.

118 *Vor den bedeutendsten Footballspielen finden oft Paraden statt.*

118–119 *Flaggen mit den Farben anderer Länder und des eigenen Teams flattern im vollbesetzten Stadion, während die Fans die Mannschaftshymnen singen.*

COME ON
CORK

BARRY'S
TEA

Jubel und Begeisterung für die irischen Mannschaften

Irland ist ein Land der Sportler, Champions, erstklassigen Mannschaften und der Spieler. Fußball wird zwar auf höchster Ebene gespielt, ist jedoch nicht der Nationalsport. Andere Wettkämpfe, die dem Fußball ziemlich ähneln, werden dagegen schon seit ältesten Zeiten gespielt. Gaelic Football und Hurling locken sonntags Tausende von Zuschauern ins Stadion, wo bunt gekleidete Fans ihr Team anfeuern. Aber auch Rugby, Tennis, Golf und natürlich Reiten sind beliebte Sportarten. Abgesehen von den Wettkämpfen und Mannschaftsturnieren bietet Irland seinen Touristen verschiedene Möglichkeiten, einen aktiven Urlaub zu gestalten. Überall gibt es exzellente Golfplätze und auch Reitsportbegeisterte finden an fast jedem Ort eine erstklassige Reitschule mit guten Lehrern.
Der irische Nationalsport ist und bleibt jedoch Hurling. Es wird auf einer Rasenfläche gespielt und dies wohl schon seit der Zeit, als sich die „wilden" Barbaren gegenseitig zu Wettkämpfen herausforderten.
Die Regeln sind relativ einfach, der Sport ist spektakulär und spannend. Es gibt zwei Mannschaften mit je fünfzehn Spielern, von denen jeder mit einem Schläger, ähnlich einem Hockeyschläger, ausgerüstet ist. Der Ball hat einen Durchmesser von 2,54 bis 5,08 Zentimetern und besteht aus einem mit einer Schnur umwickelten Korkkern sowie einem Überzug aus Leder. Ziel des Spiels ist es, den Ball in das Tor des gegnerischen Teams zu bringen. Dies kann mit der Hand, den Füßen oder natürlich mit dem Schläger geschehen. Angriff und Verteidigung finden blitzschnell statt. Die fähigsten Spieler können mehrere Meter rennen und dabei den Ball mit ihrem Schläger springen lassen.

120 und 121 Mitte *Schnelligkeit und Ausdauer muss eine Mannschaft besitzen, wenn sie Meister im Hurling werden will.*

121 oben und unten *Beim Gaelic Football kämpfen beide Mannschaften heftig um den Ball.*

Leidenschaft und Wetten

Die Iren hegen eine leidenschaftliche Liebe zu Pferden. Außerdem scheinen sie ein natürliches Talent für das Reiten und die Pflege dieser Tiere zu besitzen. Aus diesem Grund finden sehr häufig Pferderennen und Darbietungen statt, die mit Pferden zu tun haben. Neben den mehr oder weniger freundlichen Wettbewerben, die in vielen Kleinstädten der Grafschaften abgehalten werden, gibt es in Irland auch einige wirklich bedeutende und weltberühmte Veranstaltungen. Die „Heimat" der Pferderennen ist Curragh, eine grasbewachsene Ebene in der Grafschaft Kildare. Dort finden zahlreiche klassische Wettbewerbe statt, wie „1000 Guineas", „2000 Guineas", „The Irish Guinness Oaks" und das Sweeps Derby.

124–125 *Ein Pferderennen ist eine sehr gute Gelegenheit, Iren aller Gesellschaftsschichten zu begegnen. Die starke Anspannung, die sich während des Rennens aufbaut, explodiert förmlich in der letzten Runde, wenn die Pferde auf der Zielgeraden von ihren Jockeys angetrieben werden und die Zuschauer in Schreie der Begeisterung (oder auch des Entsetzens) ausbrechen. Das 1000-Guineas-Rennen ist eine der klassischen Veranstaltungen, an der Pferde und Jockeys aus allen Teilen der Insel teilnehmen.*

ALWAYS
THERE!
18
15
11

SEAN GRAHAM
THE IRISH BOOKMAKERS

126 *Die größte Pferdeshow in Irland ist die Dublin Horse Show, die schon seit über hundert Jahren in der Hauptstadt abgehalten wird.*

127 Am Tag des Pferderennens werden im Anglesea Stadium in Dublin vor dem eigentlichen Rennen zunächst die Hundemeuten für die Fuchsjagd vorgestellt.

Fotonachweis:

Alle Fotografien stammen von Giulio Veggi, mit folgenden Ausnahmen:

Allstock/Zefa: S. 110 oben links.

Cotton Caulson/Grazia Neri:
S. 106–107, 108–109.

Nino Cirani/Stradella:
S. 90, 91.

Klaus D. Francke/Bilderberg/ Grazia Neri:
S. 26.

G. P. Reichell/Apa Photo Agency:
S. 104, 110 oben rechts, 114–115.

Angelo Tondini/Focus Team:
S. 95, 110–111.

Michael Yamashita/Grazia Neri:
S. 92–93, 102, 103, 126, 127.